JUNG, AFORISMI PER L'ANIMA

Misticismo ed Esoterismo

Rainman Cavendish

Introduzione

Carl Gustav Jung è stato uno psichiatra, psicoanalista, antropologo e filosofo svizzero, una delle principali figure intellettuali del pensiero psicologico, psicoanalitico e filosofico. La sua tecnica e teoria, di derivazione psicoanalitica, è chiamata "psicologia analitica" o "psicologia del profondo", più raramente "psicologia complessa". Inizialmente vicino alle concezioni di Sigmund Freud, se ne allontanò nel 1913, dopo un percorso di differenziazione concettuale culminato con la pubblicazione, nel 1912, di "La libido: Simboli e Trasformazioni". In questo libro egli esponeva il suo orientamento, ampliando la ricerca analitica dalla storia del singolo alla storia della collettività umana. C'è un inconscio collettivo che si esprime negli archetipi, oltre a un inconscio individuale (o personale). La vita dell'individuo è vista come un percorso, chiamato processo di individuazione, di realizzazione del sé personale a confronto con l'inconscio individuale e collettivo. Jung si interessò anche, specialmente ai fini del proprio lavoro, per tutta la vita di spiritualismo, paranormale, spiritismo, sciamanesimo, astrologia, storia delle religioni, ufologia, alchimia, fisica quantistica ed esoterismo. Gli aforismi riportati in questo libro sono tratti da opere quali "Ricordi, Sogni e Riflessioni", "L'Io e l'Inconscio", "Il Libro Rosso", "L'Uomo e i Suoi Simboli", "Lo Yoga e l'Occidente", "Psicologia e Alchimia".

Aforismi Per L'Anima

"Ho spesso visto persone diventare nevrotiche per essersi accontentate di risposte inadeguate o sbagliate ai problemi della vita; cercano la posizione, il matrimonio, la reputazione, il successo esteriore o il denaro, e rimangono infelici e nevrotiche anche quando hanno ottenuto tutto ciò che cercavano. Persone del genere di solito sono confinate in un orizzonte spirituale troppo angusto, la loro vita non ha sufficienti contenuti, non ha significato, se riescono ad acquistare una personalità più ampia generalmente la loro nevrosi scompare. Tra i cosiddetti nevrotici del nostro tempo ve ne sono molti che in altre epoche non lo sarebbero stati, non sarebbero stati cioè in disaccordo con se stessi. Parlo di coloro che non possono tollerare la perdita del mito, che non riescono a trovare la via di accesso verso un mondo soltanto esteriore, un mondo com'è visto dalla scienza, e non si soddisfano con intellettualistici giochetti di parole, che non hanno nulla a che vedere con la saggezza. Se fossero vissuti in un'epoca, in un'ambiente nel quale l'uomo attraverso i miti era ancora in rapporto con il mondo ancestrale e quindi con la natura sperimentata realmente e non vista solo dall'esterno avrebbero potuto evitare questo disaccordo con se stessi."

"È innegabile che anche la nostra epoca sia un tempo di scissione e di malattia. Le condizioni politiche e sociali, il disorientamento religioso e filosofico, l'arte moderna e la moderna psicologia costituiscono tutti sintomi concordanti. Se ne rende ben conto chi ha ancora un briciolo di umana sensibilità. E si deve riconoscere che in questo nostro mondo attuale le cose non vanno bene per nessuno e che anzi vanno sempre peggio. La parola "crisi" è anche un termine medico, che sta a indicare il grave stato culminante di una malattia."

"Oggi si vuol sentire parlare di grandi programmi politici ed economici ossia proprio di quelle cose che hanno condotto i popoli ad impantanarsi nella situazione attuale, ed ecco che uno viene a parlare di sogni e di mondo interiore… tutto ciò è ridicolo, che cosa crede di ottenere di fronte ad un gigantesco programma economico, di fronte ai cosiddetti problemi della realtà? Ma io non parlo alle nazioni, io mi rivolgo solo a pochi uomini. Se le cose grandi vanno male, è solo perché i singoli individui vanno male, perché io stesso vado male, perciò, per essere ragionevole, l'uomo dovrà cominciare con l'esaminare se stesso, e poiché l'autorità non riesce a dirmi più nulla, io ho bisogno di una conoscenza delle intime radici del mio essere soggettivo. È fin troppo chiaro che se il singolo non è realmente rinnovato nello spirito neppure la società può rinnovarsi poiché essa consiste nella somma degli individui."

"Molte nevrosi sono causate dal fatto che molti vogliono restare sordi e ciechi alle proprie aspirazioni spirituali, al seguito d'una passione infantile per i lumi della propria ragione."

"Il compito è partorire ciò che è vecchio in un tempo nuovo."

"Poichè l'Io è solo il centro del campo della mia coscienza, esso non è identico alla totalità della mia psiche, ma è soltanto il soggetto della mia coscienza, mentre il Sè è il soggetto della mia psiche totale, quindi anche di quella inconscia."

"La Persona è un complicato sistema di relazioni fra la coscienza individuale e la società, una specie di maschera che serve da un lato a fare una determinata impressione sugli altri, dall'altro a nascondere la vera natura dell'individuo. La costruzione di una Persona collettivamente conveniente è una grave concessione al mondo esteriore, un vero sacrificio di sé, che costringe l'Io a identificarsi addirittura con la Persona, tanto che c'è della gente che crede sul serio di essere ciò che rappresenta."

"L'uomo ideale è la meta ideale per i falliti della vita, per tutti coloro che sono ancora al disotto del livello generale di adattamento; ma per coloro che hanno possibilità molto maggiori di quelle dell'uomo medio, l'idea o la costrizione morale di essere soltanto normali costituisce la tortura di un letto di Procuste, una noia insopportabile, un inferno senza speranza."

"Tutto sommato, la Persona non è nulla di "reale", è un compromesso fra l'individuo e la società su "ciò che uno appare". L'individuo prende un nome, acquista un titolo, occupa un impiego, ed è questa o quella cosa. In un certo senso ciò è reale, ma in rapporto all'individualità del soggetto in questione è come una realtà secondaria, un mero compromesso, a cui talvolta altri partecipano ancor più di lui. Poichè la nostra coscienza – conformemente allo stile occidentale – guarda soprattutto all'esterno, così le cose interiori restano al buio. Quanto più il mondo alletta l'individuo a identificarsi con la maschera, tanto più l'individuo è dato in preda alle influenze interiori. Le due "realtà", il mondo della coscienza e il mondo dell'inconscio, non si contestano il primato, ma si rendono reciprocamente relative. Che la realtà dell'inconscio sia assai relativa, è cosa che non susciterà molte obiezioni, ma che la realtà del mondo della coscienza possa essere tratta in dubbio, è cosa che pochi tollerano. Eppure, entrambe le "realtà" sono esperienza psichica, apparenza psichica, sopra sfondi irriconoscibilmente oscuri. Di fronte a un'indagine critica, nulla resta di una realtà assoluta."

"Quello che vi do non è nè una dottrina nè un insegnamento. E da quale pulpito potrei indottrinarvi? La mia via non è la vostra via, dunque non posso insegnarvi nulla. La via è in noi, ma non in dèi, nè in dottrine, nè in leggi. In noi è la via, la verità e la vita. Guai a coloro che vivono seguendo dei modelli! La vita non è con loro. Se voi vivete seguendo un modello allora vivrete la vita del modello, ma chi dovrebbe vivere la vostra se non voi stessi? Dunque, vivete voi stessi! Ma oggi chi lo sa più? Chi conosce la strada verso i campi eternamente fertili dell'anima? Quanti oggigiorno sono in contatto con la propria anima? Senza anima non c'è via che consenta di trascendere questo tempo. Voi cercate la via attraverso le apparenze, leggete libri e ascoltate opinioni: a che può giovare tutto questo? Esiste solo una via ed è la vostra via. Esiste solo una verità, ed è la vostra verità. Cercate la via? Vi metto in guardia dall'imboccare la mia, di strada. Per voi può essere quella sbagliata. Ciascuno percorra la sua via. Non voglio essere il vostro salvatore, nè darvi leggi o educarvi. Non si deve fare dell'uomo una pecora, ma della pecora un uomo. Questo vuole lo spirito del profondo, che si trova al di là del presente e del passato."

"Si è contenti di non conoscere se stessi, perchè niente più di questo disturba il roseo bagliore delle illusioni. Piuttosto che mettersi a confronto con i propri lati oscuri, si preferisce accontentarsi dell'illusione della propria rettitudine morale."

"Dovremmo imparare a fare a meno di una certa patina di rispettabilità sociale, se vogliamo vivere davvero la nostra vita in modo pieno, libero e felice."

"Chi obbedisce alla sua anima può far a meno delle ingiurie come delle lodi."

"Non c'è presa di coscienza senza sofferenza. In tutto il mondo la gente arriva ai limiti dell'assurdo per evitare di confrontarsi con la propria anima. Non si raggiunge l'illuminazione immaginando figure di luce, ma portando alla coscienza l'oscurità interiore. Chi guarda fuori sogna, chi guarda dentro si sveglia."

"Se cerchi una luce, cadrai anzitutto in un'oscurità ancor più profonda."

"Nella misura in cui il mondo diventa sempre più efficiente tecnicamente si direbbe che la gente abbia sempre più bisogno di adottare comportamenti comuni e collettivi. È possibile che il culmine dell'evoluzione umana sia di affondare la propria individualità in una sorta di coscienza collettiva? Non mi sembra possibile, credo che ci sarà una reazione. Si instaurerà una reazione contro questa dissociazione collettiva. L'uomo non sopporta all'infinito il proprio annullamento."

"Chi è nato e venuto a questo mondo per conoscere la verità, non può perseverare nell'ignoranza, l'impulso al Reale in lui è indomito e ribelle. Soffre enormemente sotto il peso e il dominio della falsità, della calunnia, dell'inganno, della morte continua; è assetato di libertà, di giustizia, di vita reale e di Verità."

"La coscienza occidentale non è assolutamente la coscienza in generale. È piuttosto una dimensione, condizionata storicamente e geograficamente limitata, che rappresenta soltanto una parte dell'umanità. È un errore pensare che siamo noi il centro. Noi partiamo da questo pregiudizio, ma in realtà siamo qualcosa di diabolico, di orribile; non riusciamo a vederci dall'esterno. Pensiamo di essere persone meravigliose, assolutamente rispettabili, morali e così via, ma in realtà siamo dei pirati sanguinari. Ciò che l'europeo pensa di sè stesso è una menzogna. Noi leggiamo i giornali, ci informiamo sul mondo della politica e dell'economia, e crediamo che questo sia qualcosa di definito, come se tutto dipendesse da ciò che faremo riguardo ai corsi delle valute, alla situazione economica generale e così via. Su questo siamo completamente pazzi, come se occuparsi di queste faccende fosse la cosa giusta da fare. Diamo per scontato che questo è il mondo dove accadono le cose reali, l'unico mondo, e che forse non c'è nulla al di là di esso. Ma sono innumerevoli coloro che la pensano diversamente: noi siamo pochi, rispetto a chi ha un'idea del tutto diversa riguardo al significato del mondo. Per queste persone, noi siamo semplicemente ridicoli, perchè viviamo in una sorta d'illusione rispetto al nostro mondo."

"Non si devono dimenticare i diritti dell'anima in mezzo alle novità della civiltà occidentale, col suo carattere terreno tecnico-materialistico. L'affannosa pulsione di possesso in campo politico, sociale, intellettuale, che sconvolge con passione che si direbbe indomabile la psiche dell'occidentale, si diffonde inarrestabile anche in Oriente, minacciando conseguenze incalcolabili. Non soltanto in India, ma anche in Cina, è tramontato già molto di ciò che alimentava un tempo l'anima e ne stimolava il progresso. L'esteriorizzazione della cultura può, è vero, far piazza pulita di molti mali la cui eliminazione appare sommamente desiderabile e vantaggiosa; ma l'esperienza dimostra che questo passo innanzi è comprato a troppo caro prezzo, cioè con un danno nel campo della cultura spirituale. È senza dubbio molto più comodo vivere in una casa ordinata e attrezzata dal punto di vista igienico, ma rimangono tuttora senza risposta le domande: "Chi abita in quella casa? E la sua anima gode anch'essa dell'ordine e della pulizia di cui gode la casa destinata alla sua vita esteriore?"

"In genere la meditazione e la contemplazione godono di pessima fama in Occidente. Sono ritenute una forma particolarmente riprovevole di indolenza e narcisimo. Non abbiamo tempo per dedicarci a conoscere noi stessi, e non crediamo neppure che ciò possa servire a qualche ragionevole scopo. E poi non vale affatto la pena – lo si sa già in anticipo – di conoscere sè stessi, poichè è cosa da nulla sapere come siamo fatti. Crediamo esclusivamente all'azione e non ci interroghiamo mai sul soggetto che compie l'azione stessa; esso si giudica solo in base a determinate prestazioni valutate da norme collettive."

"L'esperienza ci insegna che l'uomo orientato verso l'esterno non si contenta mai del puro necessario, ma aspira sempre ad avere più e meglio; fedele ai suoi concetti, li cerca sempre all'esterno, dimenticando completamente che, qualunque successo gli arriva dal di fuori, egli rimane interiormente lo stesso: perciò si lamenta della sua povertà se possiede una sola automobile invece di due, come i più. Certo la vita esteriore dell'uomo può ancora migliorare molto e diventare assai bella, ma questi progressi perdono il loro significato se l'uomo interiore non sta al passo con loro. Sentirsi sazi di tutto il "necessario" è senza dubbio una ragione di felicità da non sottovalutare, ma l'uomo interiore continua ad avanzare altre pretese che nessun bene esteriore può soddisfare; e quanto più la caccia alle meraviglie del mondo gli impedisce di dare ascolto a quella voce interiore, tanto più egli stesso diventa una fonte d'inesplicabili avversità e d'incomprensibili sventure, nel bel mezzo di condizioni di vita che facevano presagire ben altro risultato."

"Di regola le grandi decisioni della vita umana hanno a che fare più con gli istinti che con la volontà cosciente e la ragionevolezza."

"In Europa la potenza della scienza e della tecnica è tanto grande e incontestabile che non val quasi la pena di calcolare tutto quello che l'uomo può fare, tutto quello che ha inventato; c'è da spaventarsi delle sue mostruose possibilità. Quello che comincia a profilarsi è un quesito del tutto diverso: "Chi fa uso di tutte queste possibilità? Nelle mani di chi si trova questa potenza?". Quali sono i grandi movimenti popolari del nostro tempo? I tentativi di strappare agli altri, per impadronircene, oro e beni, conservando quel che ci appartiene. Questo tiene lo spirito occupato a escogitare "ismi" adatti a nascondere i veri motivi o a conquistare un maggiore bottino. Quanto più perveniamo alle vette delle conquiste scientifiche e tecniche, tanto più pericoloso e diabolico diventa l'abuso delle nostre invenzioni. Si pensi al grande trionfo della mente umana, alla capacità di volare: abbiamo realizzato l'antichissimo sogno dell'umanità! E si pensi ai bombardamenti della guerra moderna! Questo è ciò che significa civiltà? Non è piuttosto una convincente dimostrazione del fatto che quando la nostra mente salì a conquistare i cieli, l'altro uomo in noi, l'individuo barbaro represso, discese all'inferno? La nostra civiltà può essere certo orgogliosa delle sue imprese, ma noi dobbiamo vergognarci di noi stessi. Le nostre possibilità sono diventate così pericolose, che ci si domanda con sempre maggiore insistenza non che cos'altro potrebbe fare l'uomo, ma come dovrebbe essere fatto l'uomo cui è affidato il controllo di queste spaventose "possibilità", o come si potrebbe cambiare la mente dell'occidentale perchè egli vi rinunciasse. Sarebbe infinitamente più importante togliergli l'illusione della sua potenza anzichè confermarlo ancor più nella sua errata convinzione di potere tutto quel che vuole. Il detto corrente: "Volere è potere" è costato milioni di vite. L'occidentale non ha bisogno di superiorità sulla natura all'esterno e all'interno; le possiede entrambe con una perfezione quasi diabolica; è incapace invece di riconoscere coscientemente la propria inferiorità verso la natura che è in lui e intorno a lui. Quello che dovrebbe imparare è che non può fare come vuole; se non imparerà questo, la sua propria natura lo distruggerà; egli infatti ignora la sua anima, che gli si ribella contro con atto suicida."

"L'abito della donna indiana dice molto di più che non l'insignificante seminudità dell'abito da sera della donna occidentale. C'è dietro di esso qualcosa che può essere svelato, o rivelato, e d'altro canto il gusto non è offeso dalla vista di difetti estetici. Da noi la moda femminile è perlopiù inventata dagli uomini: è facile intuirne il risultato. L'abito da sera europeo è uno dei più evidenti sintomi della nostra morbosità sessuale: è un misto di impudicizia, esibizionismo, provocazione impotente, e un ridicolo tentativo di rendere il rapporto fra i sessi facile e a buon mercato."

"La Genesi raffigura la presa di coscienza come la violazione di un tabù, come se mediante la conoscenza si oltrepassi empiamente un limite sacrosanto. Io credo che la Genesi abbia ragione, perchè ogni passo verso una maggiore consapevolezza è una specie di colpa di Prometeo: con la conoscenza si commette in certo modo un furto del fuoco degli Dei, si strappa cioè dalla sua connessione naturale qualcosa che era proprietà delle potenze inconsce, e lo si sottopone all'arbitrio della coscienza. L'uomo che ha usurpato la nuova conoscenza subisce un mutamento o un ampliamento della sua coscienza, sicchè questa diventa dissimile da quella del suo prossimo. Egli si è bensì elevato sopra ciò che al suo tempo è umano ("sarete come Dei"), ma così facendo si è anche allontanato dall'uomo. Il tormento di questa solitudine è la vendetta degli Dei: egli non può più ritornare fra gli uomini. Come dice il mito, è incatenato alle alte e solitarie rocce del Caucaso, abbandonato dagli Dei e dagli uomini."

"Fu quella la prima volta che ebbi l'occasione di parlare con un non europeo, cioè con un non bianco. Era un capo dei Pueblos Taos, un uomo intelligente, dell'età di quaranta o cinquant'anni. Il suo nome era Ochwìa Biano (Lago di Montagna). Potei parlare con lui come raramente ho potuto con un europeo. Certamente era più prigioniero del suo mondo, così come un europeo lo è del proprio, ma che mondo era! Con questo indiano la nave galleggiava su mari profondi sconosciuti. E non si sa cosa sia più affascinante, se la vista di nuove spiagge o la scoperta di nuove vie d'accesso a ciò che ci è noto da sempre e che abbiamo quasi dimenticato. "Vedi" diceva Ochwìa Biano "quanto appaiono crudeli i bianchi. Le loro labbra sono sottili, i loro nasi affilati, le loro facce solcate e alterate da rughe. I loro occhi hanno uno sguardo fisso, come se stessero sempre cercando qualcosa. Che cosa cercano? I bianchi vogliono sempre qualche cosa, sono sempre scontenti e irrequieti. Noi non sappiamo cosa vogliono. Non li capiamo. Pensiamo che siano pazzi". Gli chiesi perché pensasse che i bianchi fossero tutti pazzi. "Dicono di pensare con la testa" rispose. "Ma certamente. Tu con che cosa pensi?" gli chiesi sorpreso. "Noi pensiamo qui", disse, indicando il cuore. M'immersi in una lunga meditazione. Per la prima volta nella mia vita, così mi sembrava, qualcuno mi aveva tratteggiato l'immagine del vero uomo bianco."

"Come il corpo umano presenta, al di là di ogni differenza razziale, un'anatomia comune, anche la psiche possiede, al di là delle differenze di cultura e di coscienza, un substrato comune da me definito "inconscio collettivo". Questa psiche inconscia, che è comune a tutta l'umanità, non consiste tanto in contenuti atti a divenire consci, quanto in disposizioni latenti a certe reazioni identiche. L'inconscio collettivo è semplicemente l'espressione psichica dell'identità della struttura cerebrale al di là di ogni differenza di razza. Dal punto di vista puramente psicologico si tratta di comuni istinti di rappresentazione (immaginazione) e di azione. Ogni rappresentazione e azione conscia si sviluppa su queste immagini archetipiche inconsce, con le quali rimane in costante relazione. Questo capita specialmente quando la coscienza non ha raggiunto ancora un grado troppo alto di chiarezza, e cioè quando ancora dipende in tutte le sue funzioni più dall'istinto che dalla volontà conscia, più dall'affettività che dal giudizio razionale. Una coscienza più elevata e dilatata, che deriva dall'assimilazione di ciò che è estraneo, tende all'autonomia, alla ribellione contro i vecchi dèi, che altro non sono se non le potenti immagini archetipiche inconsce che fino ad allora avevano tenuto la coscienza in stato di soggezione."

"All'uomo piace credere di essere padrone della propria anima. Ma nella misura in cui egli si dimostra incapace di controllare i propri stati d'animo e le proprie emozioni, o di prendere coscienza degli infiniti modi segreti in cui i fattori inconsci arrivano a insinuarsi nei suoi propositi e nelle sue decisioni, egli non è affatto padrone di se stesso. Questi fattori inconsci debbono la loro esistenza all'autonomia degli archetipi. L'uomo moderno cerca di evitare di prendere coscienza di questa spaccatura della sua personalità istituendo un sistema di compartimenti stagni. Certi aspetti della sua vita esteriore e del suo comportamento sono mantenuti, per così dire, in zone separate e non sono mai messi a confronto fra di loro."

"Quanto più domina la ragione critica, tanto più la vita si impoverisce. Il razionalismo e il dottrinarismo sono malattie del nostro tempo: pretendono di sapere tutto. Invece ancora molto sarà scoperto di ciò che oggi, dal nostro limitato punto di vista, riterremmo impossibile."

"L'uomo non sopporterà all'infinito il proprio annullamento, prima o poi ci sarà una reazione e io già la vedo iniziare."

"I problemi del mondo hanno la loro origine nell'individuo."

"Nessun manuale può insegnare la psicologia; la si apprende tramite l'effettiva esperienza. In psicologia si possiede solo ciò di cui si è fatto esperienza nella realtà. Quindi una semplice comprensione intellettuale non è sufficiente, perché si apprendono solo i termini e non la sostanza interiore dell'evento in questione."

"Se la nostra società riuscisse a riconoscere il potenziale che giace nell'oscurità di ogni anima umana e utilizzasse le sue risorse per favorirne lo sviluppo, il nostro mondo sarebbe davvero diverso. Non c'è da stupirsi che oggi la battaglia più impegnativa riguardi la liberazione dell'individuo dalla massificazione, e la restituzione alla persona della dignità e dell'onore che ciascuno si merita."

"Il viaggio più difficile di un essere umano è quello che lo conduce dentro sé stesso alla scoperta di chi veramente egli è."

"La cosiddetta "vita" non è altro che un breve episodio tra due grandi misteri, che alla fine è solo uno."

"Non è possibile accogliere ciò che parla soltanto alla mente e non anche al cuore. Soltanto se si impara qualcosa con il cuore lo si possiede veramente."

"Ciò a cui opponi resistenza persiste. Ciò che accetti, può essere cambiato."

"Creatura complicata è l'uomo: sa tanto di tante cose, ma conosce davvero pochissimo se stesso. Il problema di cosa sia l'uomo è sempre l'ultimo che ci poniamo. L'uomo è anche ciò che nè lui nè gli altri sanno di lui; si è contenti di non conoscere se stessi, perchè niente più di questo disturba il roseo bagliore delle illusioni. L'incontro con se stessi è una delle esperienze più sgradevoli alle quali si sfugge proiettando tutto ciò che è negativo sul mondo circostante. L'uomo dovrebbe prima di tutto sforzarsi di conoscere se stesso, per poi vivere in armonia con la propria verità. Chi è in condizione di vedere la propria ombra e di sopportarne la conoscenza ha già assolto una piccola parte del compito."

"La domanda decisiva per l'uomo è questa: è egli rivolto all'infinito oppure no? Questo è il problema essenziale della sua vita. Solo se sappiamo che l'essenziale è l'illimitato, possiamo evitare di porre il nostro interesse in cose futili, e in ogni genere di scopi che non sono realmente importanti. Altrimenti, insistiamo per affermarci nel mondo per questa o quella qualità che consideriamo nostro possesso personale, come il "mio talento" o la "mia" bellezza. Quanto più un uomo corre dietro a falsi beni, e quanto meno è sensibile a ciò che è l'essenziale, tanto meno soddisfacente è la sua vita: si sentirà limitato, perché limitati sono i suoi scopi, e il risultato sarà l'invidia e la gelosia. Se riusciamo a capire e a sentire che già in questa vita abbiamo un legame con l'infinito i nostri desideri e i nostri atteggiamenti mutano."

"Se vi siete liberati dall'illusione, la vita ha valore e non ha valore in grado pressochè uguale."

"La pazzia è una forma particolare dello spirito e aderisce a tutte le dottrine e le filosofie, ma ancor più alla vita di ogni giorno, poichè la vita stessa è colma di follia ed è sostanzialmente irragionevole. Lo spirito di questo tempo vorrebbe farci credere che il profondo non sia un mondo reale. L'uomo aspira alla ragione solo per potersi creare delle regole per lui stesso. La vita in sè non ha regole. Questo è il suo segreto, questa è la sua legge sconosciuta. Quello che tu chiami conoscenza è un tentativo di imporre alla vita qualcosa che risulti comprensibile. La via, o qualunque sia quello su cui uno cammina, è la nostra via, la via giusta. Non ci sono strade spianate verso il futuro. Diciamo; questa sia la via, ed essa lo è. Creiamo le strade mentre le percorriamo. La nostra vita è la verità che noi cerchiamo. Soltanto la mia vita è la verità, la verità assoluta. Noi creiamo la verità vivendola."

"Ho compreso che il Dio che cerchiamo nell'assoluto, non può trovarsi in ciò che è assolutamente bello, buono, serio, elevato, umano o addirittura divino. Se Dio fosse assoluta bellezza e bontà, come potrebbe racchiudere la pienezza della vita che è allo stesso tempo brutta e bella, cattiva e buona, ridicola e seria, umana e non umana? Come può l'essere umano vivere nel grembo della divinità se la divinità si interessa sola a una sua metà? Quando siamo saliti in alto, prossimi al culmine del buono e del bello, allora il nostro lato brutto e cattivo si troverà a soffrire i più atroci tormenti. Il suo tormento è così grande, e l'aria delle cime così rarefatta, che l'uomo riesce a stento a sopravvivere."

"Conoscere la propria oscurità è il metodo migliore per affrontare le tenebre degli altri."

"Giunge al luogo dell'anima chi distoglie il proprio desiderio dalle cose esteriori. Se non la trova, viene sopraffatto dall'orrore del vuoto. E, agitando più volte il suo flagello, l'angoscia lo spronerà a una ricerca disperata e a una cieca brama delle cose vacue di questo mondo. Diverrà folle per la sua insaziabile cupidigia e si allontanerà dalla sua anima, per non ritrovarla mai più. Correrà dietro a ogni cosa, se ne impadronirà, ma non ritroverà la sua anima, perché solo dentro di sé la potrebbe trovare. Essa si trovava certo nelle cose e negli uomini, tuttavia colui che è cieco coglie le cose e gli uomini, ma non la sua anima nelle cose e negli uomini. Nulla sa dell'anima sua."

"Ho sempre avuto l'impressione che questa vita non sia altro che un piccolissimo frammento dell'Esistenza che si svolge in un universo tridimensionale disposto a tale scopo. Pur rifuggendo dalla parola "eterno", posso descrivere la mia esistenza solo come beatitudine della condizione non temporale, nella quale presente, passato e futuro sono una cosa sola."

"La psiche possiede facoltà tutte particolari, per cui non è del tutto confinata entro lo spazio e il tempo. Si possono fare sogni o avere visioni del futuro, si può vedere attraverso i muri e via dicendo. Solo gli ignoranti negano questi dati di fatto. È assolutamente evidente che questi fatti esistono e sono sempre esistiti; ebbene, essi mostrano che la psiche, almeno in parte, non è soggetta a queste categorie."

"L'illuminazione non è un'esperienza soprannaturale, ma un riconoscimento del reale; è un saper vedere senza schemi mentali precostituiti. Noi crediamo più alla nostra razionalità che al nostro stesso vedere, e poichè la nostra mente è limitata e condizionata, i nostri occhi vedono solo una parte della realtà."

"La nostra psiche è costruita in armonia con la struttura dell'universo. Ciò che accade nel macrocosmo accade ugualmente negli infinitesimali recessi dell'anima. L'anima contiene non meno enigmi di quanti ne abbia l'universo con le sue galassie, di fronte al cui sublime aspetto soltanto uno spirito privo di fantasia può non riconoscere la propria insufficienza."

"Ci siamo arricchiti in sapere, ma non in saggezza."

"Cominci a presagire la totalità quando abbracci il tuo principio opposto, poiché la totalità poggia su due principi opposti che crescono da un'unica radice. Il giorno non esiste di per sé, e neppure la notte esiste di per sé. La realtà, che esiste di per sé, è insieme giorno e notte. Dunque la realtà è insieme senso e controsenso. Tutto confluisce insieme, il sacro e il peccaminoso, il caldo e il freddo. La pazzia e la ragione vogliono convolare a nozze. Tutto è si e no. Gli opposti si abbracciano, si guardano con aria di intesa e si scambiano l'uno con l'altro. Con straziante diletto, riconoscono di essere uniti. La natura è giocosa e terrifica. Gli uni ne scorgono il lato giocoso, si trastullano con quello e lo fanno sfavillare. Gli altri scorgono l'orrore, si coprono il capo e sono più morti che vivi. La via non passa in mezzo a questi due estremi, bensì li contiene entrambi. È gioco divertente e al tempo stesso freddo orrore."

"Questo è il fondamento della vera alchimia: chi libera il proprio spirito dalle preoccupazioni e le distrazioni mondane, gradualmente e ogni giorno di più, percepisce le scintille dell'illuminazione divina. L'anima, mossa da questo intento, si unisce allo spirito. Gli alchimisti tentavano di operare tale collegamento perchè avvertivano con intensità che il mondo è malato e che tutta la realtà è corrotta. Essi riconoscevano che l'anima aveva una sola possibilità di redenzione, e cioè quella di liberarsi per mezzo dello spirito dal suo naturale attaccamento al corpo, sebbene ciò non modificasse nè migliorasse in alcun modo le condizioni della vita fisica. Era il microcosmo, vale a dire l'uomo interiore, a raggiungere la salvezza, e non il corpo corrotto. La seconda fase era quella di riunire la dimensione spirituale con quella corporea; per descrivere questa operazione gli alchimisti si servivano di numerosi simboli, uno dei quali era quello delle "Nozze Chimiche" che si svolgevano nell'alambicco. Dal punto di vista psicologico, le asserzioni relative alla "pietra filosofale", descrivono l'archetipo del Sè. Ma realizzare il Sè comporta la disfatta dell'Io; ogni operazione di questo tipo rappresenta una "morte", perlomeno figurata. Ciò spiega la violenta avversione che ciascuno prova nello smascherare le sue proiezioni e nel riconoscere, dunque, la natura della sua anima. É necessario un grado non comune di superamento di sè stessi per mettere in discussione l'immagine fittizia della propria personalità. Liberare l'anima dai vincoli del corpo comporta il ritiro delle proiezioni spontanee di cui ci siamo serviti per modellare la "realtà" che ci circonda e allo stesso tempo l'immagine del nostro carattere; giungiamo così da un lato alla conoscenza di noi stessi e dall'altro a una visione realistica e quasi disincantata del mondo esterno. Strappare alla realtà i veli dell'illusione non è impresa che venga avvertita sempre come piacevole, ma piuttosto come penosa e perfino dolorosa. Le illusioni non sarebbero così frequenti se non servissero a qualche scopo, in quanto talvolta coprono con una salutare oscurità un luogo penoso dove si spera che non arrivi mai a penetrare la luce."

"La mia mente é un tormento, distrugge il mio sguardo interiore, vorrebbe sezionare e disfare ogni cosa. Sono ancora vittima del mio pensare."

"In fondo, non esiste alcun bene dal quale non possa sorgere un male, e nessun male dal quale non possa sorgere un bene."

"Tutto ciò che è ignoto e vacuo viene riempito da proiezioni psicologiche; è come se nell'oscurità si rispecchiasse il retroscena psichico dell'osservatore. Quanto egli vede e crede di riconoscere nella materia, sono soltanto, in un primo tempo, i suoi propri dati inconsci, che egli vi proietta."

"Bisogna seguire la via dell'acqua, che va sempre all'ingiù, se si vuol riportare alla luce il tesoro, la preziosa eredità del Padre. Nell'inno gnostico all'anima, il figlio è mandato dai genitori a cercare la perla staccatasi dalla corona del re padre. La perla giace sul fondo di una sorgente custodita da un drago, nella terra degli Egizi, nell'ebbro mondo degli appetiti carnali, delle ricchezze di natura fisica e spirituale. Il figlio ed erede si avvia in cerca della gemma ma dimentica tra i piaceri se stesso e il suo compito, finché una lettera del padre gli ricorda quale sia il suo dovere. Si mette allora in viaggio verso l'acqua e si tuffa nell'oscura profondità della fonte sul cui fondo trova la perla che offrirà poi alla divinità più eccelsa. Chi guarda nello specchio dell'acqua vede, per prima cosa, la propria immagine. Chi va verso se stesso rischia l'incontro con se stesso. Lo specchio non lusinga; mostra fedelmente ciò che in esso si riflette, e cioè il volto che non esponiamo mai al mondo perché lo veliamo per mezzo della Persona, la maschera dell'attore. Ma dietro la maschera c'è lo specchio da cui il vero volto traspare. È questa la prima prova di coraggio da affrontare sulla via interiore, una prova che basta a far desistere, spaventata, la maggior parte degli uomini. L'incontro con se stessi è infatti una delle esperienze più sgradevoli, alle quali si sfugge proiettando tutto ciò che è negativo sul mondo che ci circonda.

Chi è in condizione di vedere la propria Ombra e di sopportarne la conoscenza ha già assolto una piccola parte del compito. Nel baratro si cela un pericolo: l'uomo prudente lo evita ma, così facendo, si lascia anche sfuggire il bene che un rischio, assunto con coraggio seppure imprudentemente, potrebbe conseguire. L'incontro con se stessi significa anzitutto l'incontro con la propria Ombra. L'Ombra è, in verità, come una gola montana, una porta angusta la cui stretta non è risparmiata a chiunque discenda alla profonda sorgente. Ma dobbiamo imparare a conoscere noi stessi per sapere chi siamo, poiché inaspettatamente al di là della porta si spalanca una illimitata distesa, piena di inaudita indeterminatezza, priva in apparenza di interno e di esterno, di alto e di basso, di qua e di là, di mio e di tuo, di buono e di cattivo."

"In ogni caos vi è un cosmo, in ogni disordine un ordine nascosto, in ogni arbitrio una legge costante: tutto ciò che opera è basato sul proprio opposto."

"Il razionalismo e il dottrinarismo sono malattie del nostro tempo: pretendono di sapere tutto. Invece ancora molto sarà scoperto di ciò che oggi, dal nostro limitato punto di vista, riterremmo impossibile. I nostri concetti di spazio e tempo hanno solo validità approssimativa, e lasciano perciò vasto campo a discordanze relative o assolute. Noi viviamo ben oltre i confini della nostra coscienza; la vita dell'inconscio procede con noi, senza che ne siamo consapevoli. Quanto più domina la ragione critica, tanto più la vita si impoverisce; quanto più dell'inconscio e del mito siamo capaci di portare alla coscienza, tanto più rendiamo completa la nostra vita. L'uomo deve sentire che vive in un mondo che, per certi aspetti, è misterioso; che in esso avvengono e si sperimentano cose che restano inesplicabili. L'inatteso e l'inaudito appartengono a questo mondo. Solo allora la vita è completa. Per quanto ci è dato conoscere, l'unico significato dell'esistenza umana è di accendere una luce nelle tenebre del puro essere."

"L'uomo viene al mondo fisicamente e spiritualmente con una disposizione individuale e conosce dapprima l'ambiente dei genitori e lo spirito di questo, con cui la sua individualità concorda solo limitatamente. Ma lo spirito familiare a sua volta reca fortemente l'impronta dello spirito del tempo, di cui i più non sono consapevoli. Vi sono fattori che influenzano la nostra vita, anche se non li conosciamo, e che tanto più ci influenzano se sono inconsci. Sebbene noi esseri umani abbiamo una vita personale, tuttavia siamo in gran parte rappresentanti, vittime e promotori di uno spirito collettivo i cui anni si contano a secoli. Può ben darsi il caso che pensiamo per tutta la vita di tirar dritto per la nostra strada, e possiamo anche non scoprire mai che, in massima parte, siamo comparse sul palcoscenico del teatro del mondo."

"Siamo precipitati nella fiumana di un processo che ci proietta verso il futuro con una violenza tanto maggiore quanto più ci strappa alle nostre radici. È proprio la perdita di questo legame, la mancanza di ogni radice, che genera il "disagio della civiltà". Ci precipitiamo sfrenatamente verso il nuovo, spinti da un crescente senso di insufficienza, di insoddisfazione, di irrequietezza. Non viviamo più di ciò che possediamo, ma di promesse, non viviamo più nella luce del presente, ma nell'oscurità del futuro in cui attendiamo la vera aurora. Ci rifiutiamo di riconoscere che il meglio si può ottenere solo al prezzo del peggio. La speranza di una libertà più grande è distrutta dalla crescente schiavitù allo Stato, per non parlare degli spaventosi pericoli ai quali ci espongono le più brillanti scoperte della scienza. I miglioramenti che si realizzano col progresso, e cioè con nuovi metodi o dispositivi, hanno una forza di persuasione immediata, ma col tempo si rivelano di dubbio esito e in ogni caso sono pagati a caro prezzo. In nessun modo contribuiscono ad accrescere l'appagamento, la contentezza, o la felicità dell'umanità nel suo insieme. Per lo più sono addolcimenti fallaci dell'esistenza, come le comunicazioni più veloci che accelerano il ritmo della vita e ci lasciano con meno tempo a disposizione di quanto non ne avessimo prima. Quanto meno capiamo che cosa cercavano i nostri padri e i nostri antenati, tanto meno capiamo noi stessi, e ci adoperiamo con tutte le nostre forze per privare sempre più l'individuo dalle sue radici e dei suoi istinti, così che diventa una particella della massa."

"Ognuno di noi è seguito da un'ombra. Meno questa è incorporata nella vita conscia dell'individuo, tanto più è nera e densa."

"Ma se io dovessi scoprire che il più piccolo di tutti, il più povero di tutti i mendicanti, il più sfacciato degli offensori, il nemico stesso, è in me, che sono io stesso ad aver bisogno dell'elemosina della mia bontà, che io stesso sono il nemico da amare, allora che cosa accadrebbe?"

"L'allontanarsi dall'istinto, o l'erigersi contro di esso, crea la coscienza. L'istinto è natura e vuole natura. Al contrario, la coscienza non può volere che la civiltà o la negazione di essa, e ogniqualvolta cerca di ritornare alla natura, finisce col "coltivarla". Quanto più noi apparteniamo ancora alla natura, tanto più siamo inconsci e viviamo nella sicurezza dell'istinto privo di problemi. Il guadagnare denaro, l'esistenza sociale, la famiglia, la prole, rientrano ancora nel campo della pura natura; non sono ancora frutti della civiltà. La civiltà va oltre gli scopi naturali. Tutto quanto in noi è ancora natura, teme ogni problema, poichè problema significa dubbio, incertezza, possibilità di diverse strade. Allora ci coglie il timore, troppo umano, che la nostra coscienza, conquista prometeica dell'uomo, non possa alla fine mai uguagliare la natura. Il problema ci conduce a una solitudine in cui non troviamo più nè padre, ne madre, in un abbandono in cui non ci sorregge più la natura, in cui siamo ridotti alla sola coscienza di noi stessi. Non possiamo far altro che porre decisioni e soluzioni coscienti al posto dello svolgimento naturale dei fenomeni. Ogni problema è, al tempo stesso, una possibilità di espansione della coscienza, unita all'obbligo di dire addio a tutto quanto in noi v'è ancora d'incoscienza infantile e istintiva. Tale obbligo costituisce un fattore psichico di enorme importanza; esso è il sacrificio di quanto v'è in noi di puramente istintivo, dell'essere inconscio conforme alla natura, il cui tragico destino cominciò quando Eva mangiò il pomo del paradiso."

"Noi notiamo che, presso i popoli primitivi, i vecchi sono sempre i guardiani dei misteri e delle leggi; ed è proprio nei misteri e nelle leggi che si esprime la civiltà della stirpe. Avviene altrettanto tra noi? Dov'è la saggezza dei nostri vecchi? Dove sono i loro segreti e le visioni dei loro sogni? I nostri vecchi preferirebbero esser uguali ai giovani."

"Ogni incontro che fai è un incontro con te stesso; pochi sembrano accorgersi che gli altri sono loro."

"L'incontro di due personalità è come il contatto di due sostanze chimiche: si produce una reazione così che entrambe ne saranno trasformate."

"Noi viviamo anche nei nostri sogni, non viviamo soltanto durante il giorno. Talvolta compiamo in sogno le nostre maggiori imprese."

"Supponiamo che mi sia successa una cosa molto sgradevole. Se non l'ho assimilata, diventerà un corpo estraneo e formerà un ascesso nell'inconscio; allora psicologicamente, comincia lo stesso processo di suppurazione che accade nel corpo fisico. Avrò dei sogni o, se sono introspettivo, una fantasia in cui mi vedo come un criminale. Se reprimo queste mie fantasie esse formeranno un nuovo focolaio d'infezione, proprio come, nel corpo, una sostanza estranea può causarmi un ascesso. Il sogno è un tentativo di farci assimilare cose non ancora digerite. E' un tentativo di guarigione."

"Esiste un'unica via ed è la tua via; soltanto una redenzione, ed è la tua personale redenzione. Perchè ti guardi intorno in cerca di aiuto? Credi che l'aiuto venga da fuori? L'avvenire si crea in te e a partire da te. Ma tu vuoi sempre tenere almeno un piede sulla via di altri per evitare la grande solitudine! Tu devi seguire la via che è in te. Guarda perciò in te stesso, non fare confronti, non misurare. Non c'è altra via simile alla tua. Ogni altra via ti ingannerà o ti sedurrà. Grande è il potere della via. In essa si uniscono paradiso e inferno, le forze del Sopra e quelle del Sotto. Magica è la natura della via, magiche sono la supplica e l'invocazione, magiche sono la maledizione e l'azione, se avvengono sulla grande via."

"Tu non devi intervenire sull'altro, ma su di te, a meno che l'altro richieda il tuo aiuto o la tua opinione. Comprendi tu quello che l'altro fa? Da dove ti viene il diritto di avere opinioni sugli altri o di agire su di loro? Tu hai trascurato te stesso, il tuo giardino è pieno di erbacce, e tu vuoi insegnare al tuo vicino l'ordine e fargli notare i suoi difetti! Tu stesso sei forse perfetto? Tu stesso hai anzitutto bisogno del tuo aiuto; devi tener per te stesso opinioni e buoni consigli anzichè correre dagli altri, come una sgualdrina, a offrire comprensione e a voler dare aiuto. Non hai bisogno di atteggiarti a Dio. È crudeltà abbandonare a se stesso il proprio simile accecato? Sarebbe crudele se tu potessi aprirgli gli occhi. Ma tu potresti aprirgli gli occhi soltanto se lui ti richiedesse la tua opinione e il tuo aiuto. Se però non richiede il tuo aiuto, allora non ne ha bisogno. Se tu, malgrado questo, imponi a lui la tua opinione, allora per lui tu sei un demone e aumenti il suo accecamento, poichè gli dai un cattivo esempio."

"Ognuno desidera che la vita sia semplice, sicura e senza ostacoli; ecco perché i problemi sono tabù. L'uomo vuole certezze e non dubbi, risultati e non esperienze, senza accorgersi che le certezze non possono provenire che dai dubbi e i risultati dalle esperienze."

"Le nostre mura razionali ci isolano dall'eternità della natura. Siamo troppo razionali e non abbastanza ingenui, per questo la verità è nascosta ai nostri occhi."

"Uno spirito senza sole diventa parassita del corpo. Ma il Dio nutre lo spirito."

"Devi percorrere la strada infinita, poichè la vita non scorre su una via definita, ma su una strada illimitata. La mancanza di limiti ti fa però paura perchè è spaventosa e la tua umanità vi si ribella; perciò cerchi limiti e restrizioni, per non perderti barcollando nell'infinito. Una delimitazione diviene per te indispensabile. Per sottrarti alla sconfinata molteplicità di significati, reclami a gran voce la parola dotata di un unico significato e di quello soltanto. La parola diventa il tuo dio, perchè ti protegge dalle innumerevoli possibilità d'interpretazione. La parola è una magia protettiva contro i demoni dell'infinito, che vogliono lacerare la tua anima e disperderla ai quattro venti. Sei salvo se puoi esclamare infine: questo è questo e soltanto questo. Pronunci la parola magica, e ciò che è sconfinato viene fissato nella sfera di ciò che è finito. Per questo gli uomini cercano e creano parole."

"Non dobbiamo più soggiacere a nulla, nemmeno al bene. Un cosiddetto bene, al quale si soccombe, perde il carattere etico. Non che diventi cattivo in sé, ma è il fatto di esserne succubi che può avere cattive conseguenze. Ogni forma di intossicazione è un male, non importa se si tratti di alcol o morfina o idealismo. Dobbiamo guardarci dal considerare il male e il bene come due opposti."

"Se la nostra religione si basa sulla salvezza, le nostre principali emozioni saranno timore e tremore. Se la nostra religione si basa sulla meraviglia, la nostra emozione principale sarà la gratitudine."

"La tua maniera di vedere diventerà chiara solamente quando riuscirai a guardare dentro il tuo cuore. Chi guarda fuori sogna; chi si guarda dentro, si risveglia."

"Lodare e predicare la luce non serve a nulla se non c'è nessuno che possa vederla. Sarebbe invece necessario insegnare all'uomo l'arte di vedere."

"Io sono semplicemente convinto che qualche parte del Sè o dell'Anima dell'uomo non sia soggetta alle leggi dello spazio/tempo."

"Chi percepisce contemporaneamente la propria ombra e la propria luce vede se stesso da due lati e, in tal modo, raggiunge il centro."

"Il sogno è un'autorappresentazione spontanea della situazione attuale dell'inconscio espressa in forma simbolica. In ognuno di noi vi è un altro, che noi non conosciamo e che ci parla attraverso il sogno, comunicandoci come egli ci veda diversamente da come noi vediamo noi stessi."

"La solitudine è per me una fonte di guarigione che rende la mia vita degna di essere vissuta. Il parlare è spesso un tormento per me e ho bisogno di molti giorni di silenzio per ricovrarmi dalla futilità delle parole. Quando un uomo sa più degli altri diventa solitario. Ma la solitudine non è necessariamente nemica dell'amicizia; nessuno è più sensibile alle relazioni che il solitario, e l'amicizia fiorisce soltanto quando ogni individuo è memore della propria individualità e non si identifica con gli altri."

"Il Sé non è solo il centro, ma anche la circonferenza che abbraccia sia il conscio che l'inconscio; è il centro di questa totalità, proprio come l'ego è il centro della coscienza."

"Lo stare insieme ci dà calore. Lo stare soli ci dà la luce."

"La società è organizzata non tanto dalla legge, quanto dalla tendenza all'imitazione. Tutti nasciamo originali e moriamo copie."

"Le persone farebbero qualunque cosa, per quanto assurda, pur di evitare di affrontare la propria coscienza: praticare lo yoga, osservare diete, imparare teosofia a memoria, ripetere meccanicamente testi mistici della letteratura mondiale. Tutto perchè non sanno stare con se stessi, e non credono minimamente di poter tirar fuori qualcosa di utile dalla loro coscienza."

"Si parla sempre della realtà come se non ce ne fosse che una. In verità, la realtà è ciò che agisce nell'animo umano e non ciò che alcuni stimano efficace e generalizzano frettolosamente. Anche quando si procede nel modo più scientifico, non si deve dimenticare che la scienza non è la totalità della vita; essa è solo uno dei tanti atteggiamenti psichici, una forma del pensiero umano. La cosiddetta comprensione scientifica è il manto con cui l'Occidente vela a se stesso il proprio cuore. L'Oriente ci apre una via diversa di comprensione, più ampia, più profonda ed elevata: la comprensione attraverso la vita. Di essa abbiamo una ancor incerta cognizione, come d'un vago sentimento legato alle espressioni religiose o superstiziose. In tal modo si fraintende però completamente l'obiettività orientale. Non si tratta di presagi sentimentali, misticheggianti e che rasentano la pazzia, propri di asceti solitari e bizzarri, ma di intuizioni pratiche, che non abbiamo alcun motivo di sottovalutare. Chi tuttavia volesse sminuire i meriti della scienza occidentale, segherebbe il ramo su cui poggia lo spirito europeo. La scienza è uno strumento senza dubbio imperfetto, ma di valore inestimabile; provoca danni solo quando pretende di essere fine a se stessa. La scienza deve servire, e sbaglia quando vuole usurpare un trono. Anzi ciascuna scienza deve servire le altre discipline ad essere coordinate in quanto ognuna abbisogna, proprio per la sua insufficienza, dell'appoggio di tutte le altre. La scienza è lo strumento dello spirito occidentale ed essa appartiene al nostro modo di intendere, e ottenebra la nostra conoscenza solo quando attribuisce valore assoluto al tipo di comprensione suo proprio. L'intelletto nuoce all'anima quando pretende di diventare l'erede dello spirito, compito al quale non è affatto abilitato in quanto lo spirito è qualcosa di più elevato dell'intelletto, comprendendo in sé, oltre a quest'ultimo, anche il sentimento."

"È importante avere un segreto, una premonizione di cose sconosciute. L'uomo deve sentire che vive in un mondo che, per certi aspetti, è misterioso; che in esso avvengono e si sperimentano cose che restano inesplicabili. Solo allora la vita è completa."

"L'irrazionale non deve e non non può essere estirpato. Gli dèi non possono e non devono morire. Guai agli uomini che vogliono disinfettare razionalmente il cielo, Dio stesso è penetrato in loro perché non hanno riconosciuto l'esistenza della sua funzione."

"La nostra libertà non sta fuori di noi, ma in noi. Si può essere vincolati all'esterno e tuttavia sentirsi liberi, perchè ci si è liberati dalle catene interiori."

"Nessuno può elevarsi al di sopra di se stesso se non ha prima puntato contro di sè la sua arma più pericolosa. Chi voglia elevarsi al di sopra di sè scenda in basso, si faccia carico di sè e trascini se stesso sino all'area sacrificale."

"La minaccia esercitata da draghi e serpenti contro la propria persona allude al pericolo che la coscienza raggiunta venga nuovamente sommersa dalla psiche istintiva, dall'inconscio."

"Non ci è possibile vivere il pomeriggio della vita seguendo il programma del suo mattino. Perché ciò che è grande al mattino, sarà piccolo la sera. E le verità del mattino diventeranno le falsità della sera."

"Ho vagato per molti anni, tanto a lungo da dimenticare che possiedo un'anima. Io appartenevo alle persone e alle cose. Non appartenevo a me stesso. Quando il deserto comincia a fiorire, fa spuntare strani vegetali. Ti riterrai folle, e in un certo senso lo sarai anche. Non v'è dubbio che, se entri nel mondo dell'anima, sei simile a un folle, e che un medico ti riterrebbe malato. Se non sapete che cos'è la follia divina, rinunciate a giudicare e attendete i frutti. Sappiate però che esiste una follia divina che altro non è che il superamento dello spirito di questo tempo attraverso lo spirito del profondo. Parlate di insano vaneggiamento quando lo spirito del profondo non può più ritirarsi e costringe l'uomo a parlare in lingue incomprensibili anzichè in linguaggio umano. Parlate però anche di insano vaneggiamento quando lo spirito di questo tempo non lascia andare l'uomo e lo costringe a vedere sempre soltanto la superficie delle cose, a negare lo spirito del profondo e a ritenersi egli stesso lo spirito del suo tempo. Lo spirito di questo tempo non è divino, lo spirito del profondo non è divino; divino è l'equilibrio fra i due."

"Chi guarda se stesso, rischia di incontrare se stesso. Lo specchio non lusinga, mostra diligentemente ciò che riflette, cioè quella faccia che non mostriamo mai al mondo perché la nascondiamo dietro il personaggio, la maschera dell'attore. Questa è la prima prova di coraggio nel percorso interiore. Una prova che basta a spaventare la maggior parte delle persone, perché l'incontro con se stessi appartiene a quelle cose spiacevoli che si evitano fino a quando si può proiettare il negativo sull'ambiente."

"Lo spirito del profondo mi ha tolto la fede nella scienza, mi ha privato del piacere di spiegare le cose e di classificarle e ha fatto spegnere in me la dedizione agli ideali di questo tempo. Mi ha costretto a calarmi nelle cose ultime e più semplici. Lo spirito del profondo mi ha tolto la ragione e tutte le mie conoscenze per metterle al servizio dell'inesplicabile e del paradossale. Mi ha privato del linguaggio e della scrittura per tutto ciò che non stava al servizio di quest'unica cosa, ossia dell'intima fusione di senso e controsenso che produce il senso superiore."

"La Scrittura sta davanti a te e dice sempre le stesse cose, se dai credito alle parole. Se invece credi alle cose, al cui posto sono messe solo parole, non arriverai mai alla fine. E tuttavia devi percorrere la strada infinita, poiché la vita non scorre su una via definita, ma su una strada illimitata. La mancanza di limiti ti fa però paura perché è spaventosa e la tua umanità vi si ribella; perciò cerchi limiti e restrizioni, per non perderti barcollando nell'infinito. Una delimitazione diviene per te indispensabile. Per sottrarti alla sconfinata molteplicità di significati, reclami a gran voce la parola dotata di un unico significato e di quello soltanto. La parola diventa il tuo dio, perché ti protegge dalle innumerevoli possibilità d'interpretazione. La parola è una magia protettiva contro i demoni dell'infinito, che vogliono lacerare la tua anima e disperderla ai quattro venti. Sei salvo se puoi esclamare infine: questo è questo e soltanto questo. Pronunci la parola magica, e ciò che è sconfinato viene fissato nella sfera di ciò che è finito. Per questo gli uomini cercano e creano parole."

"Taluni individui, dotati di un intuito particolarmente vigile, diventano consapevoli dei mutamenti che si stanno verificando e li traducono in idee comunicabili. Queste idee si diffondono rapidamente perché, nel contempo, nell'inconscio degli altri individui sono in atto modificazioni parallele."

"Per vederci chiaro ci è necessario il rigore della morte. La vita vuole vivere e morire, iniziare e finire. "Non voler vivere" e "non voler morire" sono la stessa cosa. Divenire e passare appartengono alla medesima curva. Se accetto la morte il mio albero rinverdisce, perchè il morire esalta la vita. La morte fa maturare. Per la completezza della vita ci vuole un equilibrio con la morte, vita e morte devono bilanciarsi."

"Quanto la nostra vita ha bisogno della morte! Proverai la gioia delle piccole cose solo se avrai accettato la morte. Se invece ti guardi intorno avidamente in cerca di tutto ciò che potresti ancora vivere, allora nulla sarà mai grande abbastanza per il tuo piacere, le piccole cose che costantemente ti circondano non ti daranno più gioia. Contemplo perciò la morte, perchè essa mi insegna a vivere."

"Le cose che accadono sono sempre le stesse, non è sempre uguale invece la profondità creativa dell'essere umano. Le cose di per sè non significano nulla, assumono un significato soltanto dentro di noi. Il significato delle cose non è il senso che è loro proprio. Questo senso si trova nei libri dotti. Le cose sono prive di senso. Siamo noi a dare significato alle cose. Il significato è ed è sempre stato artificiale. Siamo noi a crearlo."

"Solo il viandante che ha peregrinato nel suo infinito mondo interiore potrà accostarsi all'Anima, scoprendo che per anni altro non ha fatto che cercare Lei, poiché Lei è dietro e dentro ogni cosa. I viaggi, si fanno per cercare Anima e le persone si amano in quanto simboli di Anima."

"Io m'inoltrai nella morte interiore e vidi che morire esternamente è meglio che morire dentro. E decisi di morire all'esterno e di vivere dentro. Perciò voltai le spalle per andare in cerca del luogo della vita interiore."

"Quello che sto dicendo può sembrare patologico. E nessuno più di me può ritenerlo insano. La divina follia… una forma avanzata di irrazionalità della vita che fluisce in noi… in ogni caso, follia che non si può integrare nella società odierna… ma come? Se invece si integrasse la forma della società nella follia? Questo vi fa sorridere? Lo spirito di questo tempo vorrebbe farvi credere che il profondo non sia un mondo reale. È vero, è vero: ciò che dico ha la grandezza, l'esaltazione e la bruttezza della follia. Lo spirito del profondo però mi dice: "Ciò di cui parli esiste. La grandezza esiste, l'esaltazione esiste, esiste anche la quotidianità priva di ogni dignità, malata e sciocca; essa percorre tutte le strade, abita in tutte le case e governa la giornata dell'umanità intera".

"Gli uomini impazziscono perchè non sanno che il conflitto è dentro di loro, e ciascuno addossa il torto all'altro. Se una metà dell'umanità è in torto, allora è in torto, per metà, ogni essere umano. Ma non vede il conflitto presente nella propria anima, che è però la fonte della sventura esterna."

"Nell'accostarvi alla vostra anima vi accorgerete, per prima cosa, della mancanza di un senso. Crederete di sprofondare in un mondo insensato, nell'eterno disordine. Avete proprio ragione! Nulla vi potrà salvare dal disordine e dalla mancanza di senso, perchè essi costituiscono l'altra metà del mondo. Aprite la porta all'anima affinchè nel vostro ordine e nel vostro senso possano affluire le oscure correnti del caos. Sposate il caos con ciò che è ordinato e darete vita al bambino divino, al senso superiore che è al di là di senso e controsenso."

"L'uomo in pace con se stesso, che accetta se stesso, dà il suo infinitesimale contributo al bene dell'universo. Ognuno presti cura e attenzione ai suoi conflitti interiori e personali e avrà ridotto di un milionesimo di milione la conflittualità del mondo."

"Mettere una persona davanti alla propria ombra equivale a mostrarle anche ciò che in essa è luce."

"A quanto possiamo discernere, l'unico scopo dell'esistenza umana è di accendere una luce nell'oscurità del mero essere."

"Troppo corpo, e lo spirito muore; troppo spirito, e il corpo muore."

"Il divino consuma l'umano. Di conseguenza, quando il divino ci appare, siamo per il momento impotenti, estasiati, dispersi, malati, avvelenati dal più potente dei veleni, e però nell'ebbrezza della suprema salute. Ma in simile condizione non è possibile restare, poichè tutte le forze del nostro corpo si consumano. Per tale motivo dobbiamo adoperarci per liberare il Sè dal Dio, in modo che possiamo vivere."

"Nessun albero, si dice, può crescere in Paradiso a meno che le sue radici non raggiungono l'inferno."

"Se l'attenzione è focalizzata sull'inconscio, l'inconscio libererà i suoi contenuti, e questi a loro volta feconderanno il conscio come una fontana d'acqua viva. Perchè la coscienza è arida come l'inconscio se le due metà della nostra vita psichica restano separate. È amaro in verità scoprire dietro i propri nobili ideali delle convinzioni ristrette e fanatiche, e per questo ancora più care, e dietro le proprie pretese eroiche null'altro che rozzo egoismo, bramosia infantile e compiacimento. Tuttavia questo doloroso correttivo è una misura inevitabile in ogni processo terapeutico."

"Ai confini della logica finisce sì la scienza ma non la natura, che fiorisce anche là dove non è ancora arrivata nessuna teoria."

"Lo spirito di questo tempo si crede oltremodo intelligente, come succede agli spiriti di ogni tempo. La saggezza però è ingenua, non solo semplice. Per questo lo spirito di questo tempo deride la saggezza, perchè la derisione è la sua arma. Se non fosse colpito dall'ingenuità della saggezza quest'arma non gli servirebbe. Solo nel deserto diveniamo consapevoli della nostra terribile ingenuità, ma abbiamo timore di ammetterlo. Perciò deridiamo. Ma lo scherno non arriva a colpire l'ingenuità. Lo scherno ricade su colui che schernisce, e nel deserto, dove nessuno ascolta e nessuno risponde, egli resta soffocato dalla sua stessa derisione. Non vogliamo però neppure diventare apposta degli stolti rendendoci schiavi dell'ingenuità, ma saremo piuttosto degli stolti intelligenti. Questo ci conduce al senso superiore. L'intelligenza conquista il mondo, l'ingenuità conquista l'anima."

"Mentre io miravo ad ottenere il massimo del mio potere mondano, lo spirito del profondo mi ha mandato pensieri e visioni indicibili che hanno spento la mia voglia di arrivare in alto, il mio eroismo, come lo si intende in questo tempo."

"Con la progressiva integrazione dell'inconscio abbiamo una discreta possibilità di fare esperienze di natura archetipica, che ci danno il senso della continuità che precede e segue la nostra esistenza. Più comprendiamo l'archetipo, più partecipiamo della sua vita e più riconosciamo la sua eternità o atemporalità."

"Finché non renderete conscio il vostro inconscio, esso dirigerà la vostra vita e lo chiamerete destino."

"Come può un uomo vedere chiaramente le cose, quando non vede sé stesso e l'oscurità che egli porta inconsciamente con sé in tutte le sue manifestazioni?"

"Sono in balia del mare, dell'onda indistinta che cambia luogo senza sosta. La sua natura è il movimento, e il movimento è il suo ordine. Chi si oppone all'onda è esposto all'arbitrio. Stabile è l'opera dell'uomo, ma galleggia sul caos. A chi viene dal mare l'affaccendarsi degli uomini appare come una follia. Ma gli uomini lo guardano come se il pazzo fosse lui. Chi viene dal mare è malato; può a malapena sopportare la vista di esseri umani. Tutti gli appaiono infatti ebbri e istupiditi da veleni narcotizzanti. Vogliono affrettarsi in tuo soccorso, e tu vorresti non tanto il loro aiuto, quanto piuttosto introdurti furtivamente nella loro compagnia ed essere proprio come uno che non ha mai visto il caos, ma che ne parla soltanto. Ma per colui che ha visto il caos non c'è più possibilità di nascondersi, egli sa piuttosto che la terra gli oscilla sotto i piedi e sa che cosa significa quel movimento. Ha visto l'ordine e il disordine dell'infinito, sa dell'esistenza di leggi illegali. Conosce il mare e non può più scordarlo. Tremendo è il caos: giorni di piombo e notti d'orrore. Ma come Cristo sapeva di essere la Via, la Verità e la Vita, in quanto tramite lui giungevano nel mondo il nuovo tormento e la rinnovata salvezza, così io so che il caos deve piombare sugli uomini e che sono già all'opera le mani di coloro che, sia pur inconsapevoli e ignari, stanno buttando giù le sottili pareti che ci separano dal mare. Poichè questa è la nostra via, la nostra verità e la nostra vita."

"Tutto ciò che non viene risolto a livello d'inconscio ci governa."

"Nutrite l'anima, perché la fame la trasforma in una belva che divora cose che non tollera e da cui resta avvelenata. Amici miei, saggio è nutrire l'anima, per non allevarvi draghi e diavoli in seno."

"Ascoltate: io inizio dal nulla. Il nulla è uguale alla pienezza. Nell'infinito il pieno è come il vuoto. Il nulla è vuoto e pieno. Potreste dire altrettanto bene qualche altra cosa del nulla, per esempio che è bianco e nero o che non è o che è. Una cosa infinita ed eterna non ha alcuna qualità poichè ha tutte le qualità. Noi chiamiamo il nulla o la pienezza il PLEROMA. In esso sia il pensiero che l'essere cessano, poichè l'eterno e infinito non possiede qualità. In esso non c'è essere, perchè allora sarebbe distinto dal pleroma, e possiederebbe qualità che lo distinguerebbero come un che di diverso dal pleroma. Nel pleroma c'è nulla e tutto. Non giova riflettere sul pleroma, perchè ciò significherebbe autodissolversi."

"Nel nostro inconscio niente è da rifiutare, ma semplicemente da risintonizzare e trasmutare."

"Non possiamo raggiungere l'individuazione senza il senso di connessione con gli altri, e d'altro canto è impossibile avere rapporti veri con gli altri senza aver raggiunto l'individuazione."

"I grandi rinnovamenti non vengono mai dall'alto, ma dal basso, come gli alberi non crescono dal cielo, ma dalla terra, per quanto i loro semi cadano in origine dall'alto."

"L'iniziazione non è comunicabile alla stessa maniera di quella di un professore che nell'insegnamento profano comunica ai suoi allievi formule attinte dai libri, formule che essi dovranno soltanto immagazzinare nella loro memoria; si tratta qui di una cosa che, nella sua essenza stessa, è propriamente incomunicabile, poiché sono stati da realizzare interiormente. L'esperienza iniziatica, quindi, rappresenta un mutamento di visuale che permette all'uomo di ricollegarsi con il divino."

"Il sogno è la piccola porta occulta che conduce alla parte più nascosta e intima dell'anima"

"La vita siete voi stessi, e se la vita è difficile da sopportare è perchè è molto difficile sopportare se stessi. Questo è il fardello più grande, la prova più grande."

"Oggi la gente vive sempre in attesa che domani succeda qualcosa di più interessante, sempre nel futuro, e così ci si dimentica di vivere la propria vita. Non viviamo più di ciò che possediamo, ma di promesse."

"Giunge al luogo dell'anima chi distoglie il proprio desiderio dalle cose esteriori."

"Le nostre mura razionali ci isolano dall'eternità della natura. Ogni scienza termina nell'inconoscibile, non vi è nulla di più vulnerabile ed effimero delle teorie scientifiche. Dubitare è l'inizio della saggezza. Siamo troppo razionali e non abbastanza ingenui, per questo la verità è nascosta ai nostri occhi."

"Chiunque cerchi di adattarsi al gruppo e nello stesso tempo seguire il suo fine individuale, diventa nevrotico. I nostri peccati, errori e colpe sono necessari altrimenti saremmo privati dei più preziosi incentivi allo sviluppo. Chi non conosce il proprio cuore è cieco."

"Dio è lì, dove voi non siete. L'individuo che non è ancorato a Dio, non sarà in grado di resistere al potere fisico e morale del mondo basandosi soltanto sulle proprie opinioni personali."

"Noi giungiamo alla metà della vita con la più completa impreparazione. Ciò che il giovane ha trovato e doveva trovare al di fuori, l'uomo maturo lo deve trovare dentro di sè."

"Chi vuole educare gli altri, cominci con l'educare se stesso. Il sistema usato ancora oggi di fare imparare a memoria certe cose o l'applicazione meccanica di certi altri metodi non è certo educazione, né per il bambino né per lo stesso educatore. Si continua a ripetere che il bambino dovrebbe essere educato per acquistare una personalità. Ma chi dovrebbe educare alla personalità? Vengono in primo luogo i genitori, per lo più incompetenti, spesso bambini in tutto o in parte, per tutta la loro vita."

"Ciò che la natura richiede al melo è che produca mele e al pero che produca pere. Da me la natura vuole che io sia semplicemente un uomo, ma un uomo cosciente di ciò che è."

"La mia coscienza è l'unico tesoro che posseggo, e il più grande: per quanto piccolo e fragile di fronte ai poteri delle tenebre, è tuttavia una luce, la mia sola luce."

"Io gridai infuriato: "È terribile, pare un'assurdità, pretendi questo da me? Tu abbatti dèi che sono potenti e che per noi significano quanto c'è di più elevato. È questa la tua via, anima mia? Tu tessi intorno a me la tenebra più fitta. e io sono come un matto imprigionato nella tua rete. Ma voglio che tu m'insegni."

Ma l'anima mi parlò, dicendomi: "Il mio è un sentiero di luce."

Replicai sdegnato: "Chiami luce quello che noi uomini definiamo la peggiore delle tenebre? Chiami giorno la notte?"

A questo l'anima rispose con parole che mi mossero all'ira: "La mia luce non è di questo mondo."

Gridai: "Dell'altro mondo non so niente!"

L'anima rispose: "E non dovrebbe esistere soltanto perchè tu non ne sai niente?"

Io: "Ma allora il nostro sapere? Neanche il nostro sapere ha valore per te? Dove sono finite le certezze? Dove la terraferma? Dove la luce? La tua tenebra non solo è più nera della notte, ma è anche senza fondo. Se non esiste il sapere, allora forse neanche il linguaggio e le parole?"

E l'anima: "Neanche le parole."